Conni feiert Weihnachten

Eine Geschichte von Liane Schneider
mit Bildern von Eva Wenzel-Bürger

Schepper! Polter! Klirr! Was ist das? Erschrocken läuft Mama ins Schlafzimmer. Dort steht Conni auf einem Stuhl vor dem Schrank. Und auf dem Boden liegt der ganze Inhalt der Weihnachtskiste. Ein paar Kugeln sind kaputt. „Das ist ja eine schöne Bescherung!", schimpft Mama.
Conni weint. Sie wollte nur mal nachsehen! Es ist doch bald Weihnachten – im Laden liegen schon Lebkuchen und Nikoläuse. Mama räumt seufzend auf. Sie erklärt Conni, dass erst die Herbstferien kommen und dann noch Nikolaus und Advent. Da hat Conni eine gute Idee. Sie wird Mama einen Adventskalender basteln! Und neuen Weihnachtsschmuck!

Zuerst malt Conni ein Winterbild und schneidet 24 Türchen hinein. Dahinter klebt sie kleine Weihnachtsbilder, die sie aus Mamas alten Zeitschriften ausgeschnitten hat. Fertig ist Mamas Adventskalender. In den Herbstferien macht Conni noch einen Türchenkalender für Papa.

Und sie bastelt neuen Weihnachtsschmuck. Sie schneidet Sterne aus Goldpapier und macht aus Tischtennisbällen Weihnachtskugeln. Dazu legt sie immer einen Ball in eine rote Serviette und bindet sie mit einer schönen Schleife zu. Hübsch sieht das aus.

Bald ist der erste Advent. Mama und Conni binden den Adventskranz. Wenn die Tannen nur nicht so pieksig wären! Connis Finger sind bald ganz zerstochen. Vier rote Kerzen stecken sie auf den fertigen Kranz – für jeden Adventssonntag eine. Dazwischen kommen kleine silberne Kugeln.

Am ersten Advent zündet Papa die erste Kerze an. Es riecht nach Wachs und Tannenduft, nach Kakao und Keksen. Mama schlägt das Buch mit der Weihnachtsgeschichte auf. „An Weihnachten feiern wir nämlich die Geburt von Jesus Christus", erklärt sie. Conni weiß das schon lange, aber sie hört die Geschichte von Josef und Maria, vom Stern und vom Kind in der Krippe im Stall immer wieder gerne.
Danach singen sie alle Weihnachtslieder, die sie kennen.

Heute ist der erste Türchentag! Conni kann es kaum erwarten, ihre Adventskalender zu öffnen. Sie hat zwei: den Schokoladenkalender vom Sportverein und den selbst gemachten Säckchenkalender von Mama. In dem Säckchen mit der 1 findet Conni ein winzig kleines Buch mit leeren Seiten. Jakob hat nur einen Schokoladenkalender. Für klitzekleine Geschenke ist er noch zu klein, weil er alles in den Mund steckt.

Papa macht vorsichtig das erste Türchen von Connis Winterbildkalender auf und guckt erstaunt. Dahinter streckt ihm ein Elch die Zunge raus. Conni und Mama müssen laut lachen.

Am 5. Dezember hat Conni viel zu tun. Es ist der Tag vor Nikolaus. Sie putzt ihre Stiefel besonders gründlich und stellt sie in den Flur, ganz nahe bei der Tür. Jakob stellt seine daneben.
In der Nacht wacht Conni auf. Da poltert und raschelt doch was! Leise läuft sie in den Flur. Nichts! Die Stiefel sind leer. Vielleicht war der Nikolaus da und konnte nicht herein? Conni öffnet die Türe etwas. Dann geht sie wieder ins Bett, aber sie kann vor Aufregung kaum einschlafen.

Früh am Morgen sind ihre Stiefel bis oben hin voll. Daneben stehen sogar noch ein Buch und ein kleines Geschenk. Doch Papa und Mama hat der Nikolaus glatt vergessen. Conni steckt ihnen schnell noch ein paar Kekse in ihre Schuhe. Schon sind auch die anderen wach. Jakob stopft sich gleich die Schokolade in den Mund. Bald ist er ganz verschmiert – und sein neues Bilderbuch auch. Conni muss sich jetzt beeilen. Auch am Nikolaustag muss sie in die Schule. Dort gibt es noch ein Nikolausgeschenk: keine Hausaufgaben!

Deshalb kann Conni mit Mama und Jakob über den Weihnachtsmarkt bummeln. Dort gibt es viele Buden. Conni bleibt bei einem Mann stehen, der Kastanien röstet. Sie kann nicht glauben, dass man die essen kann. Conni darf eine kosten. Sie schmeckt wie eine süße Kartoffel. „Das sind Esskastanien", erklärt der Mann. „Man nennt sie Maronen."
Es ist dunkel geworden. Ein Leierkastenmann spielt Weihnachtslieder. Es duftet nach heißen Mandeln, Schmalzkuchen und Glühwein. Schnee fällt in dichten Flocken vom Himmel. Jetzt wird es wirklich Weihnachten, denkt Conni. Jakob hat noch nie Schnee gesehen. Er staunt und versucht die weißen Flocken zu fangen. Conni fängt den Schnee mit der Zungenspitze. Das macht Spaß.

Plötzlich sieht Conni mitten im Gewühl den Weihnachtsmann. Sofort läuft sie hin und zupft ihn am Mantel. Er beugt sich zu ihr hinunter und Conni flüstert ihm einen ganz wichtigen Weihnachtswunsch ins Ohr. Der Weihnachtsmann fragt nach ihrem Namen und ob sie immer brav war. Dann darf sie sich noch einen Schokonikolaus aus seinem Sack nehmen.

Mama schimpft, weil Conni weggelaufen ist. Und sie will unbedingt wissen, was Conni sich gewünscht hat. Doch Conni verrät nicht, dass sie sich einen richtigen Fotoapparat wünscht. So will Conni testen, ob der Weihnachtsmann echt ist. Max aus ihrer Klasse hat nämlich behauptet, dass es nur ein verkleideter Mann ist.

Jetzt ist schon der vierte Advent. Zeit, einen Tannenbaum zu kaufen. Den holen Conni und Papa immer beim Förster. Das ist am Waldrand im nächsten Dorf. Mama und Jakob dürfen nicht mit, denn Papa muss die Sitze umklappen, damit der Baum nachher ins Auto passt.
Papa packt noch die große Säge ein, dann fahren sie los. Conni und Papa suchen das ganze eingezäunte Stück Wald ab. Sie können sich nicht entscheiden, welchen Baum sie kaufen sollen. Plötzlich sieht Conni einen kleinen Vogel aufgeregt hin und her fliegen. Er setzt sich auf einen wunderschönen Baum und zwitschert. Da weiß Conni: Das ist ihr Weihnachtsbaum!

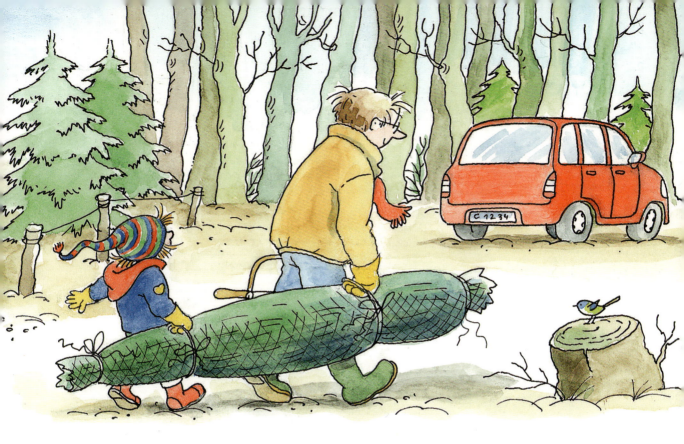

Papa sägt. Zusammen schleppen sie den Baum zum Ausgang. Gut, dass sie diesmal die dicken Gartenhandschuhe mithaben. So können die Nadeln nicht piksen. Während Papa bezahlt, schiebt ein Mann den Baum durch eine Tonne in ein Netz. Jetzt kann man den Baum besser tragen und er passt besser ins Auto. Die Heckklappe geht trotzdem nicht zu, so groß ist der Baum.
Auf dem Rückweg riecht das ganze Auto wunderschön nach Harz und Tannenduft.

Endlich ist Heiligabend da. Das heißt, eigentlich ist es erst heiliger Morgen, findet Conni. Trotzdem ist sie schon sehr aufgeregt. Sie ist ja so gespannt auf ihre Geschenke! Nach dem Frühstück hilft sie Papa den Baum aufzustellen. Papa sägt und schraubt und klopft, um den Baum in den Ständer zu bekommen. Conni guckt, ob er gerade ist.
Sie holen die Weihnachtskiste. Dann wird der Baum geschmückt. Mit Connis selbst gebasteltem Schmuck wird er viel schöner als sonst.
Conni zieht ihr schönstes Kleid an. Wann kommt denn endlich der Weihnachtsmann? Hoffentlich nicht, wenn sie gerade in der Kirche ist, so wie letztes Jahr. Conni will erst gar nicht mitgehen. Aber sie darf das Krippenspiel nicht verpassen. Wo ihre Freundin Anna doch den Engel spielt! Nach der Kirche will Conni ganz schnell nach Hause. Hoffentlich war der Weihnachtsmann noch nicht da!

Doch zu Hause liegen schon die Geschenke unter dem Baum. Und Onkel Günter und Tante Sigrid sind auch da. Es gibt Kaffee und Kuchen. Conni guckt die ganze Zeit zu den Geschenken. Sie ist ja so neugierig! Ob der Fotoapparat dabei ist?
Endlich ist Bescherung. Immer abwechselnd darf jeder eines seiner Geschenke auspacken. Conni reißt das Papier des ersten Paketes auf: ein Spiel. Im nächsten ist eine Babypuppe, dann Bücher. Aber in keinem ist der Fotoapparat. Enttäuscht guckt Conni auf das Durcheinander aus Geschenken, Papier und Schleifen auf dem Fußboden. Also gibt es doch keinen echten Weihnachtsmann! Max hatte Recht und Conni war dumm. Conni schluckt und ihre Augen werden feucht. Da schlägt Tante Sigrid vor, das neue Spiel auszuprobieren. Alle spielen mit und Conni wird wieder fröhlich.

Plötzlich klingelt es an der Tür. Alle sehen sich erstaunt an. Conni rennt los und macht auf. Draußen steht der Weihnachtsmann! „Ich habe etwas vergessen", sagt er und gibt Conni ein Paket. Conni kann gar nichts sagen, so überrascht ist sie. Sie macht ihr Geschenk auf. Es ist ein richtiger Fotoapparat, rot und mit Blitz. Jetzt ist Conni glücklich!